HISTÓRIA DO MENINO QUE LIA O MUNDO

Carlos Rodrigues Brandão

HISTÓRIA DO MENINO QUE LIA O MUNDO

1ª edição
EXPRESSÃO POPULAR
São Paulo - 2014

Revisão: *Maria Elaine Andreoti e Dulcinéia Pavan*
Projeto gráfico, diagramação: *ZAP Design*
Capa: *Marcos Cartum*
Ilustrações: *Anderson Augusto de Souza Pereira*
Impressão: *Vox*

Dados Internacionais de Catalogação-na-Publicação (CIP)

B817h Brandão, Carlos Rodrigues
História do menino que lia o mundo. / Carlos Rodrigues Brandão.—1.ed.—São Paulo : Expressão Popular, 2014.
68 p. : il.

Indexado em GeoDados - http://www.geodados.uem.br.
ISBN 978-85-7743-242-4

1. Literatura brasileira. I. Título.

CDD B869.3

Catalogação na Publicação: Eliane M. S. Jovanovich CRB 9/1250

1ª edição: agosto de 2014
7ª reimpressão: abril de 2021

EDITORA EXPRESSÃO POPULAR
Rua Abolição, 201 – Bela Vista
CEP 01319-010 – São Paulo – SP
Tel: (11) 3112-0941 / 3105-9500
livraria@expressaopopular.com.br
www.expressaopopular.com.br
ed.expressaopopular
editoraexpressaopopular

SUMÁRIO

PREFÁCIO

Este livro conta a *História do menino que lia o mundo*. O menino que cresceu, virou jovem, adulto, professor. Resolveu contar sua própria história.

E você, já teve vontade de escrever sua própria história? Lembra? A professora pediu para fazer uma redação, escrever sua vida. Todos nós um dia tivemos vontade de contar nossa história. Todos tivemos uma professora que pediu para fazer uma redação contando nossa história.

Como ficamos felizes de contar a nós mesmos nossa história. Contar a vida em família, a criação com muita dificuldade. O meu pai e a minha mãe trabalhando na lavoura. Eu ajudava. Minha mãe me levou à escola. Lembro-me do primeiro dia. A escola era muito longe de onde nós morávamos. Não tinha material direito para estudar. Lembro a alegria do dia em que aprendi a ler. Não faltar à escola e ajudar em casa a cuidar dos irmãos pequenos. Saí da escola para ajudar o pai trabalhando na roça. Pegar o caderno para fazer os deveres e pegar a cartilha para ler... É essa a sua história? Como a de tantos meninos e meninas do campo?

A história de Paulo Freire, o menino que lia o mundo, se parece com a nossa. Como ele, nós temos vontade de ler as letras, sobretudo vontade de ler os significados de nossa vida, nossa família, do trabalho no campo.

Quando lemos uma história, um livro, queremos saber e entender o que está escrito para entender nossa vida, para entender o mundo. Como Paulo

Freire, queremos aprender a observar a família, a comunidade, o trabalho na lavoura. Aprender com o pai e a mãe, os avós, as formas de lidar com a terra, os tempos de preparo de sementeira e de colheita. Participar na alegria, na festa e na celebração da colheita do fruto do trabalho na terra. Cantar e celebrar a luta pela terra. Celebrar a terra.

Como Paulo Freire, temos vontade de aprender a defender o direito à terra, ao trabalho e à vida.

Como seria gostoso estudar tudo isso nos livros e nas lições da escola. Aprender a ler o mundo vivendo e estudando sem sair da escola. Garantindo nosso direito à escola. Escola é direito, não esmola. Que gostoso ler livros que ajudem a ler a vida, o campo e o mundo. Aprender nos livros a construir um mundo mais justo.

Mas onde e como Paulo Freire aprendeu a ler o mundo? Aprendeu a ler o mundo estando atento às lutas pela terra. Descobrindo os valores, os saberes e a cultura dos povos do campo. Ele nos ensinou a ler a cartilha, a ler o livro e a tentar entender mais do que o significado das palavras. Ler o mundo é tentar entender as interrogações que vêm da vida, do trabalho e da terra. O livro pergunta à gente. A terra pergunta à gente.

Paulo Freire escutou as perguntas da terra. O que a terra tem que cativou o menino Paulo Freire? Plantava palavras no chão, na terra, para aprender a ler e escrever as letras. Aprendeu a ler a terra para aprender a ler o mundo. Aprendeu a ler o trabalho na terra para aprender o trabalho no mundo.

Da vida no campo vêm perguntas que queremos aprender a ler: por que ameaçam tirar o direito a nossa terra? Por que fecham as escolas do campo? Por que a escola é tão longe? Por que lutar pela terra, pela vida, pela escola? Por que trabalhar tanto e viver no aperto? Por que a terra não é de quem nela trabalha? Por que os jovens têm que sair do campo? Aprender a ler o mundo é aprender a entender e responder essas perguntas.

A *História do menino que lia o mundo* é a história de tantos meninos e meninas do campo que também querem ler o mundo. Uma história que não terminou porque há no campo crianças, jovens, famílias e professoras/ professores que continuam essa história cada vez que aprendem a ler a cartilha e o livro. Cada vez que aprendem a se deixarem interrogar pela terra e pelo mundo.

Vamos ler esta *História do menino que lia o mundo* para ter mais vontade de contar nossa história no campo. Mais vontade de ler o mundo.

Miguel G. Arroyo

O MENINO DA SOMBRA DAS MANGUEIRAS

Vamos chamá-lo de PAULO.

Todo mundo tem o seu nome próprio. O seu nome. Tem um nome que é dele e tem ainda outros que são da sua família. Nosso Paulo também.

Quando ele nasceu, no começo do século XX, que acaba de acabar, o seu nome ficou sendo: Paulo Reglus Neves Freire. Mas desde quando ele era menino o chamavam mesmo era de PAULO FREIRE. E foi com esse nome de dois nomes que ele acabou ficando conhecido.

E ele era um menino que aprendeu a ler e a escrever riscando palavras no chão.

Será que foi por isso que ele virou depois "o menino que plantava palavras"?

Mas ele foi também "um menino que lia o mundo". Vejam vocês!

Paulo Freire nasceu no Recife, em Pernambuco, "lá no Nordeste...", ou "aqui no Nordeste...", se você mora "aí no Nordeste", não é mesmo?

Pois a história que vai ser contada aqui é a desse menino que cresceu, que brincou muito, que estudou muito e depois virou um professor.

Contada no papel, com letras, com palavras e com frases.

E vocês que aprenderam a ler e estão lendo o que está escrito aqui pouco a pouco vão descobrir por que o nome deste livro ficou sendo *História do menino que lia o mundo*.

Sabem? Os livros também têm nomes, e de vez em quando eles têm até apelidos. E vocês vão descobrir que este aqui bem poderia ter como apelido: "uma história de pessoas, de letras e de palavras".

Paulo Freire

Vamos lá então. Vamos aonde? Vamos até Recife, em Pernambuco, no Nordeste do Brasil.

O menino Paulo Freire nasceu lá, no dia 19 de setembro de 1921. Como nós estamos em 2014, podemos contar que, com mais alguns meses, 93 anos terão se passado.

Os primeiros anos da vida dele, Paulo viveu em uma casa no Recife. Uma casa dessas com os quartos grandes, as paredes altas sob um telhado onde, do lado de fora, dormiam pombas e andorinhas. Uma casa com quintal e com grandes mangueiras de frutas doces, galhos altos e uma sombra amiga. Foi lá que, antes mesmo de entrar na escola, ele aprendeu a ler e a escrever.

Ora, em 1981, uns 55 anos depois de haver subido pela primeira vez numa delas, o professor Paulo Freire escreveu, num livro chamado *A importância do ato de ler*, como era a velha casa e como ele viveu ali momentos felizes e inesquecíveis. Vamos ler o que ele escreveu?

> Me vejo então na casa mediana em que nasci, no Recife, rodeada de árvores, algumas delas como se fossem gente, tal a intimidade entre nós – à sua sombra brincava e em seus galhos mais dóceis à minha altura eu me experimentava em riscos que me preparavam para riscos e aventuras maiores.
>
> A velha casa, seus quartos, seu corredor, seu sótão, seu terraço – o sítio das avencas de minha mãe –, o quintal amplo em que se achava, tudo isso foi o meu primeiro mundo. Nele engatinhei, balbuciei, me

pus de pé, andei, falei. Na verdade, aquele mundo especial se dava a mim como o mundo de minha atividade perceptiva, por isso mesmo como o mundo de minhas primeiras leituras.

Os "textos", as "palavras", as "letras" daquele contexto se encarnavam no canto dos pássaros – o do sanhaçu, o do olha-pro-caminho-quem-vem, o do bem-te-vi, o do sabiá, na dança das copas das árvores sopradas por fortes ventanias que anunciavam tempestades, trovões, relâmpagos, as águas da chuva brincando de geografia: inventando lagos, ilhas, rios, riachos. Os "textos", as "palavras", as "letras" daquele contexto se encarnavam também no assobio do vento, nas nuvens do céu, nas suas cores, nos seus movimentos; na cor das folhagens, na forma das folhas, no cheiro das flores – das rosas, dos jasmins –, no corpo das árvores, na casca dos frutos. Na tonalidade diferente de cores de um mesmo fruto em momentos distintos: o verde da manga-espada verde, o verde da manga-espada inchada, o amarelo esverdeado da mesma manga amadurecendo, as pintas negras da manga mais além de madura. A relação entre estas cores, o desenvolvimento do fruto, a sua resistência à nossa manipulação e o seu gosto...

Daquele contexto faziam parte igualmente os animais: os gatos da família, a sua maneira manhosa de enroscar-se nas pernas da gente, o seu miado, de súplica ou de raiva; Joli, o velho cachorro negro de meu pai... quando quase desportivamente perseguia, acuava e matava um dos muitos timbus responsáveis pelo sumiço de gordas galinhas de minha avó.

Daquele contexto – o do meu mundo imediato – fazia parte, por outro lado, o universo da linguagem dos mais velhos, expressando as suas crenças, os seus receios, os seus valores.

Toda criança que um dia fica "grande" e vira "uma pessoa adulta" carrega pela vida afora a menina ou o menino que ela foi antes.

Quanta saudade do "menino Paulo" o Paulo Freire professor haveria de sentir para falar desse jeito. Para falar de bichos e de mangueiras, quando o que ele queria mesmo era contar por escrito como foi que aprendeu a ler as palavras antes de ir para a escola!

Vejam. Como é que Paulo Freire lembra os lugares onde ele foi criança?

Primeiro a casa lá dentro, depois o grande quintal. E, no quintal, primeiro as árvores grandes e suas sombras, e os galhos e os frutos. Quando já era avô, Paulo Freire escreveu um livro novo. Sabem como era o nome? Era *À sombra desta mangueira*. Ele escreveu muitos livros, vocês ainda verão. Depois vêm os bichos da natureza, os pássaros e os seus cantos. Depois os "bichos da casa", os gatos e o cachorro Joli. E então chega a vez das pessoas, dos "mais velhos", pois, para uma criança que ainda mal aprendeu a subir nos primeiros galhos de uma mangueira, quase toda a gente do seu mundo é alguém "mais velho".

Depois chega a vez dos medos. Isso mesmo! Pois, menino ou menina, qual é a criança que não tem os seus medos? Mas os medos dele não eram bem como os das crianças de hoje. Sabem do é que ele tinha mais medo? De alma penada. Vejam só! E eram as pessoas grandes que ensinavam às crianças esses medos. Vejam como ele fala disso.

> Me refiro a meu medo das almas penadas, cuja presença entre nós era permanente objeto das conversas dos mais velhos nos tempos da minha infância...
>
> Não havia melhor clima para peraltices das almas do que aquele. Me lembro das noites em que, envolvido em meu próprio medo, esperava que o tempo passasse, que a noite se fosse, que a madrugada semiclareada viesse chegando, trazendo com ela o canto dos passarinhos "manhecedores".
>
> Os meus temores noturnos terminaram por me aguçar, nas manhãs abertas, a percepção de um sem-número de ruídos que se perdiam na claridade e na algazarra dos dias e que eram misteriosamente sublinhados no silêncio fundo das noites...

Aquele era um tempo parecido com agora. Mas era também muito diferente. Não havia luz elétrica em muitas cidades. O menino Paulo contava dos acendedores de lampiões de gás que vinham pela rua no final das tardes, acendendo o pavio de cada lampião. Não havia rádio nem telefone. Televisão? Nem pensar! Quem de vocês vive em um lugar de roça bem distante, vai saber bem do que é que o Paulo Freire está falando.

As noites eram longas, escuras, silenciosas. Noites compridas, povoadas dos ruídos da casa e dos barulhos do mundo. Barulhos como o vento "lá fora", os ratos correndo no sótão da casa velha ou o pio triste da coruja.

E o relógio da manhãzinha era o canto da passarada. Então as pessoas se acostumavam a saber das horas pelo barulho dos bichos e a posição do sol no céu.

Os brinquedos não vinham prontos das lojas, e as crianças desde cedo aprendiam a "brincar de fazer brinquedo": papagaio, pião, arapuca, casa de "finge" e caminhãozinho de madeira velha e de lata usada.

Tudo se aprendia, tudo se criava, tudo se inventava naquele tempo.

Mas não parecia um tempo triste. De jeito nenhum. Ao contrário. Pois todas as pessoas "antigas" quando falam "daqueles tempos", parece que sentem muita saudade deles. Ou será que é porque a gente sempre lembra com saudade o tempo em que foi criança?

E criança aprende.

Aprende desde muito cedo e aprende muito. Quando a gente vai para a escola, alguns adultos dizem: "vai estudar pra ver se você aprende alguma coisa!" Não é mesmo? Mas elas esquecem que, quando uma criança chega na escola, ela já aprendeu muito e muito. Aprendeu com um mundo. Aprendeu de olhar, tocar e ver o mundo onde ela vive. Aprendeu com os outros: a mãe e o pai, os irmãos e as irmãs mais velhas, os primos e os outros parentes. Aprendeu com as amigas e os amigos de mesma idade. Aprendeu com a vida. Pois a vida que a gente vai vivendo, um pouquinho cada dia, é a melhor professora de cada uma e de cada um de nós.

Vejam vocês, quando a gente chega na escola e é o primeiro dia de aula, já aprendeu tanta coisa! Já aprendeu a subir nos galhos da mangueira e a saber qual é a diferença entre um gato e um galo. Já aprendeu a conviver com pai e mãe, com os irmãos e as primas. Já aprendeu a falar e já aprendeu a entender uma língua chamada "o português", que depois a gente vai estudar para aprender a ler e escrever com as professoras na escola. Não é assim?

Mas o menino Paulo não. Pois até a escrever e ler ele aprendeu antes de ir à escola. Aprendeu a ler palavras da língua dele, que também é a nossa. E aprendeu a "ler o mundo". Vejam como ele escreve sobre essas coisas. Ele começa dizendo que o bom de se aprender a ler o mundo em que se vive é que, aos poucos, os nossos medos vão desaparecendo. Pois a gente só tem medo mesmo do que não entende.

> Na medida, porém, em que me fui tornando íntimo do meu mundo, em que melhor o percebia e o entendia na "leitura" que dele ia fazendo, os meus temores iam diminuindo.
>
> Mas, é importante dizer, a "leitura" do meu mundo, que me foi sempre fundamental, não fez de mim um menino antecipado em homem, um racionalista de calças curtas. A curiosidade do menino não iria distorcer-se pelo simples fato de ser exercida, no que fui mais ajudado do que desajudado por meus pais. E foi com ele, precisamente, em certo momento dessa rica experiência de compreensão do meu mundo imediato, sem que tal compreensão tivesse significado malquerenças ao que ele tinha de encantadoramente misterioso, que eu comecei a ser introduzido na leitura da palavra.
>
> A decifração da palavra fluía naturalmente da "leitura" do mundo particular. Não era algo que se estivesse dando supostamente a ele. Fui alfabetizado no chão do quintal de minha casa, à sombra das mangueiras, com palavras do meu mundo, e não do mundo maior dos meus pais. O chão foi o meu quadro-negro; gravetos, o meu giz.

Viram? Parece meio difícil o que Paulo Freire escreveu. É que ele escreveu isto quando já era "bem grande", não esqueçam. E é também porque ele escreveu para outras pessoas grandes. Ele, que sempre gostava de dizer que tinha uma "alma de menino", mesmo quando já era gente grande há muito tempo.

Ele quis lembrar que, antes de aprendermos, e ao mesmo tempo em que aprendemos a compreender as palavras faladas e as palavras escritas, estamos sempre aprendendo e reaprendendo a ler as outras "linguagens do nosso mundo". Gente! O que é que é isso?

Na verdade, são as linguagens dos "mundos" do nosso mundo. Isso não quer dizer que uma pessoa acaba aprendendo a entender e a falar a linguagem das flores, a linguagem das borboletas, dos cantos dos passarinhos, dos latidos dos cachorros e dos miados dos gatos. Seria até bom, não é mesmo? Mas não é isso.

Ele quer dizer que o MUNDO ensina, e que se aprende com a VIDA. Se aprende sempre, um pouco por dia, vivendo com carinho e atenção cada momento de cada minuto de cada hora de cada dia da vida da gente. É bem isso que as crianças aprendem sem precisar estudar na escola. E elas aprendem convivendo com os outros: com as plantas, com os bichos e com as pessoas, com tudo e com todos com quem a gente reparte momentos alegres e momentos tristes da nossa vida.

Na escola, aprendemos os números e as contas da matemática, e as letras, as palavras e as frases do português. E isto é muito importante. Aprendemos a dar nomes e a pôr números nas coisas do nosso mundo. E isso às vezes é bom e outras vezes não é. Mas, antes da ESCOLA, a VIDA ensina o escuro e o claro, o alto e o baixo, o frio e o quente, o grande e o pequeno, o muito e o pouco, o bonito e o feio, o alegre e o triste. E o que mais? E muito, muito mais ainda!

O menino Paulo aprendeu a ler um pouquinho do mistério do mundo e foi ficando com menos medo das coisas: das que existem e das que não existem.

E, mais à frente, usando com carinho os gravetos como giz e o chão do quintal como a lousa (o quadro-negro), ele foi aprendendo a rabiscar as letras, a formar as sílabas. Foi aprendendo a inventar por escrito as palavras que já sabia falar.

... O chão foi meu quadro-negro; gravetos, o meu giz.

E quando Paulo conta o que aconteceu quando ele foi para a primeira escola da sua vida, ele inventa uma palavra: "palavramundo", vejam vocês! Foi assim:

> Por isso é que, ao chegar à escolinha particular de Eunice Vasconcelos... já estava alfabetizado. Eunice continuou e aprofundou o trabalho de meus pais. Com ela, a leitura da palavra foi a leitura da "palavramundo".

Se alguém for procurar esta palavra em um dicionário, não vai encontrar nada. Nada mesmo. Bem, na "letra m" vai encontrar a palavra "mundo" e, depois, na "letra p", vai encontrar "palavra". Mas as duas juntas não. Foram a professora Eunice e o menino Paulo que inventaram essa palavra.

E ele conta que, quando chegou à escola e já sabia "ler muita coisa" do mundo das coisas, das pessoas, da vida e do mundo das palavras, ele aprendeu algo muito importante. Aprendeu que, para aprender os "ensinos" da ESCOLA – a "escolinha-de-primeiras-letras" –, ele não precisava deixar de aprender as lições do MUNDO e as lições da VIDA. Ao contrário, quanto mais ele aprendia de novo a ler letras, a ler sílabas, a ler palavras, a ler frases, a ler histórias e a ler livros inteiros, cada vez mais ele queria seguir aprendendo a ler as outras leituras da VIDA e do MUNDO.

Afinal, os sabiás continuavam cantando de manhã, as mangueiras continuavam repetindo dia a dia, ano após ano, a mesma maravilha de renovar as folhas que secam, de florir as flores e dependurar depois nos galhos as mangas que nascem, que crescem, que amadurecem e são uma delícia, de setembro a dezembro, na boca das crianças.

Quantas perguntas! Quantos mistérios! Quanta vontade de encontrar respostas! As respostas escritas nos livros e as respostas escritas no mundo.

Quem sou eu? De onde é que eu vim? E o mundo onde eu vivo, de onde ele veio? Para onde ele vai? Por que se vive e por que se morre? Por quê? Por que a Terra é assim, e não é como nos livros de contos de fadas? Por que as pessoas do mundo fizeram o mundo como ele é? Será que podia ser de outro jeito: mais feliz... mais em paz?

Quando já era um homem de cabeça branca e de barbas longas, Paulo Freire voltou um dia na mesma casa onde morou até completar os 10 anos de idade. E contou como foi.

> Há pouco tempo, com profunda emoção, visitei a casa onde nasci. Pisei o mesmo chão em que me pus de pé, andei, corri, falei, aprendi a ler. O mesmo mundo – primeiro mundo que se deu à minha compreensão pela "leitura" que dele fui fazendo.
>
> Lá reencontrei algumas das árvores da minha infância. Reconheci-as sem dificuldade. Quase abracei os grossos troncos – os jovens troncos da minha infância. Então uma saudade que eu costumo chamar de "mansa" ou de "bem-comportada", saindo do chão, das árvores, da casa, me envolveu cuidadosamente. Deixei a casa contente com a alegria de quem reencontra gente querida...

Vejam que, quando escreveu sobre a sua infância na casa da cidade do Recife, ele falou com "letras", com "sílabas", com "palavras" e com "frases".

Ora, toda a gente que já estudou um pouco na escola sabe o que é isto. E tudo isto que vocês estão lendo, aqui e agora, é formado de letras, como o "l" e o "m". E é formado de sílabas, como "le" ou como "mun". É formado de palavras, como "letra" ou como "mundo". E é formado de frases, como: "aprendendo a ler palavras, eu aprendia a ler o meu mundo".

Mas ele fala também em "textos" e em "contextos", não é?

E essas são palavras mais difíceis... mas nem tanto. Vejam. Palavras e frases juntas formam períodos que compõem os "textos". Um "texto" é aquilo que se escreve ou lê e se entende. E faz sentido.

Tudo o que vocês leram neste livro, até aqui, é parte do texto que nós escrevemos. Tudo o que veio até aqui e junto com o que vem daqui pra frente, criou este livro chamado *História do menino que lia o mundo.*

E este livro é um texto que cada uma e cada um de vocês escrevem de novo quando vocês leem um pedaço deste livro, ou quando alguém o leu inteiro. Sempre que a gente lê com cuidado alguma coisa que alguém escreveu, a gente de alguma maneira escreve de novo.

E "contexto"?

CONTEXTO é o MUNDO onde a VIDA vive a sua HISTÓRIA.

Opa! E isso aí, o que é que é?

Vamos lá: "contexto" é onde as pessoas estão juntas, vivem juntas e aprendem a viver juntas. É onde se planta e se colhe o milho e é onde está a "minha casa com a minha família". "Meu contexto" é o lugar onde vivo eu e vive a gente com quem eu como a sopa de milho em volta de uma mesa. É onde ficam os nossos vizinhos e a nossa comunidade. E ela pode ser uma vila de roça, uma cidadezinha, uma cidade grande, um acampamento, um assentamento.

E assim o contexto da vida do menino Paulo Freire era a casa no Recife e o bairro onde ela estava, e a cidade do Recife e o estado onde ela está: Pernambuco. E é o Nordeste do Brasil onde fica Pernambuco e é também o Brasil do Nordeste, de Pernambuco, do Recife, do bairro, da rua e da casa do menino Paulo, no tempo em que ele vivia a vida dele lá.

O contexto de nossas vidas abriga o MUNDO NATURAL, como a TERRA e tudo o que nela há. Tudo mesmo, como as mangueiras do Paulo menino, os sabiás, os milhos, os rios e a Lua, e mais o Sol e a chuva.

E dentro de um "contexto" está também o que os SERES HUMANOS, que vivem no mundo, fazem nele e com ele. Seres humanos somos todos nós. Tudo o que nós pensamos, criamos e fazemos quando transformamos as COISAS DA NATUREZA em OBJETOS DO MUNDO HUMANO. Como o doce de manga feito da manga madura. Como um poema que uma menina escreve sobre um sabiá. Como a casa onde se mora. Como a cartilha onde se aprende a ler. Como o jeito de viver a vida de todos os dias. A viver essa vida convivendo uns com os outros: em nossa família, em nossa comunidade. E também este livro que nós escrevemos e vocês estão lendo e reescrevendo junto com a gente, de novo.

E foi pensando e lendo muito que, quando já era "gente grande", Paulo Freire aprendeu a chamar de CULTURA tudo isso que foi escrito aí em cima. Pois CULTURA é o mundo que as pessoas criam para poderem viver juntas.

Sabem? A palavra "contexto" lembra outra. "Contexto" quer dizer "aquilo que está com o texto". Aquilo que está ao seu lado. Pois bem, a outra palavra é muito conhecida de todas e de todos nós. Ela é: "companheiro".

Do mesmo jeito como aconteceu com a palavra "contexto", a palavra "companheiro" chegou ao português, a nossa língua, vinda do latim. O latim é uma língua antiga que muitas pessoas de outros tempos usavam para falar e para escrever. E línguas como o português, o espanhol, o italiano e o francês nasceram do latim. São suas filhas, suas herdeiras.

Pois bem, em latim "companheiro" que dizer: "com o pão". Quer dizer: "aquele que come o pão comigo". "Aquele que reparte comigo o pão". Daí essa palavra foi mudando e mudando, e virou essa palavra tão linda: COMPANHEIRO.

Viram como as palavras nascem e se transformam, como os sabiás, as mangas e tudo o que existe e está vivo?

DO RECIFE PARA JABOATÃO

Antes de crescer o tanto que faltava para virar “gente grande”, o menino Paulo foi viver numa cidade perto de Recife chamada Jaboatão. Vejam o que uma pessoa que Paulo Freire amou muito escreveu sobre esta mudança (depois nós contaremos o nome dela).

> Aos 10 anos de idade foi morar nas vizinhanças da capital pernambucana, em Jaboatão, uma cidadezinha 18 quilômetros distante de Recife e que, para Paulo, tem sabor de dor e de prazer, de sofrimento e de amor, de angústia e de crescimento. Nela, aos 13 anos de idade, experimentou a dor da perda de seu pai, conheceu o prazer de conviver com os amigos e os conhecidos que foram solidários naqueles tempos difíceis, sentiu o sofrimento quando viu sua mãe, precocemente viúva, lutar para sustentar a si e aos seus quatro filhos, fortaleceu-se com o amor que entre eles aumentou por causa das dificuldades que juntos enfrentaram, sofreu a angústia devido às coisas perdidas e às provações materiais, espantou-se com o crescimento de seu corpo, mas, sem deixar que o menino o abandonasse definitivamente, permitiu que o adulto fosse conquistando espaço em sua existência. À medida que via seu corpo crescer, sentia também sua paixão pelo conhecimento aumentar...

E foi assim. Vem um dia em que se aprende também com a tristeza, se aprende com a dor no coração que a gente não quer que venha, mas que às vezes vem. E então é preciso aprender a viver com ela também.

Foi por isso que um dia Paulo escreveu que desde menino foi aprendendo que o mundo onde nós vivemos é feito também por nós mesmos. Que, se ele está como está e podia ser melhor, então somos nós, as gentes do nosso mundo, os homens e as mulheres, que podemos mudar esse mundo. Numa carta que escreveu um dia para uma sobrinha, chamada Cristina, ele disse isto:

> Ao contrário, em tenra idade, já pensava que o mundo teria de ser mudado. Que havia algo errado no mundo que não podia nem devia continuar.

Este pedacinho da carta está num livro que Paulo Freire escreveu para Cristina, quando já começava a ficar velhinho. Como eram cartas, ele chamou o livro de *Cartas a Cristina*.

Mas nem tudo foi triste neste tempo em Jaboatão, quando o "menino" Paulo foi virando o "moço" Paulo. A mesma pessoa que contava este pedaço da vida de Paulo Freire conta de novo. Vamos ler com ela? Guardem o seu nome: Ana Maria, também conhecida pelos amigos como Nita.

> Mas foi também em Jaboatão que sentiu, aprendeu e viveu a alegria no jogar futebol e no nadar no rio Jaboatão vendo as mulheres, de cócoras, lavando e "batendo" nas pedras a roupa que lavavam para si, para a própria família, e para as pessoas mais abastadas. Foi lá também que aprendeu a cantar e a assobiar, coisas que até hoje tanto gosta de fazer, para se aliviar do cansaço e das tensões da vida do dia a dia; aprendeu também a dialogar na "roda de amigos", a namorar e a amar as mulheres, e por fim foi lá em Jaboatão que aprendeu a tomar para si, com paixão, os estudos das sintaxes popular e erudita da língua portuguesa...

Vocês já sabem que o Paulo Freire de quem estamos contando a vida é um professor. Um professor que foi criança e foi um estudioso da vida, dentro e fora da escola. Por isso, quando ele lembra o tempo de menino no Nordeste, gosta de narrar como foi aprendendo a ler e a escrever, primeiro com gravetos, no chão do quintal, e, depois, no quadro-negro da escola. Um dos primeiros "amores" da vida de Paulo foram as letras e as palavras. Foi o que ele ia descobrindo ao aprender a sua própria língua e a nossa: o Português. Vejam como ele escreve sobre isto e como ele conta os primeiros tempos de vida na escola.

> Quando Eunice *[a primeira professora dele, lembram?]* me ensinou era uma meninota, uma jovenzinha de seus 16, 17 anos. Sem que eu ainda percebesse, ela me fez o primeiro chamamento com relação a uma indiscutível amorosidade que eu tenho hoje, e desde há muito tempo, pelos problemas da linguagem e particularmente os da linguagem brasileira, a chamada língua portuguesa no Brasil. Ela com certeza não me disse, mas é como se tivesse dito a mim, ainda criança pequena: "Paulo, repara bem como é bonita a maneira que a gente tem de falar!" É como se ela me tivesse chamado.
>
> Eu me entregava com prazer à tarefa de "formar sentenças". Era assim que ela costumava dizer. Eunice me pedia que colocasse numa folha de papel tantas palavras quantas eu conhecesse. Eu ia dando forma às sentenças com essas palavras que eu escolhia e escrevia. Então, Eunice debatia comigo o sentido, a significação de cada uma...

E ele nunca mais se esqueceu dessa primeira "escolinha" e da sua primeira professora. Vocês vão ver adiante como as primeiras letras e as primeiras aventuras de Paulo Freire com o estudo – pois estudar e aprender são sempre uma grande e maravilhosa aventura – foram muito importantes na vida dele.

Nos tempos de Paulo, quando uma menina ou um menino terminava a "quinta série" na escola, fazia um exame para passar para o "ginásio", como se dizia então. Era uma prova difícil que se chamava "exame de admissão".

E esse era bem o tempo em que um menino começava a virar um rapaz, e a menina começava a virar uma moça. Foi difícil para ele continuar estudando depois da escolinha da professora Eunice Vasconcelos. Tempos duros para uma família como a dele, que foi ficando empobrecida por volta do ano de 1929. Nesse ano houve no Brasil e no mundo um tempo de muita dificuldade, e quando algumas poucas pessoas ricas ficaram mais ricas ainda. E muita gente, muita gente mesmo, foi ficando mais pobre ainda. E Paulo Freire conta isso dessa maneira.

> Participando do mundo dos que comiam, mesmo que pouco comêssemos, participávamos também do mundo dos que não comiam, mesmo que comêssemos mais do que eles – o mundo dos meninos e das meninas dos córregos, dos mocambos, dos morros. Ao primeiro, estávamos ligados por nossa posição de classe; ao segundo, por nossa fome...
>
> Eu fiz a escola primária exatamente no período mais duro da fome. Não da "fome" intensa, mas de uma fome suficiente para atrapalhar o aprendizado. Quando terminei meu exame de admissão, era alto, grande, anguloso, feio. Já tinha esse tamanho e pesava 47 quilos. Usava calças curtas, porque minha mãe não tinha condições de comprar calça comprida. E as calças curtas, enormes, sublinhavam a altura do adolescente. Eu consegui fazer, Deus sabe como, o primeiro ano de ginásio com 16 anos. Idade com que os meus colegas de geração, cujos pais tinham dinheiro, já estavam entrando na faculdade.
>
> Fiz esse primeiro ano de ginásio num desses colégios privados, em Recife; em Jaboatão só havia escola primária. Mas minha mãe não tinha condições de continuar pagando a mensalidade e, então, foi uma verdadeira maratona para conseguir um colégio que me

recebesse com uma bolsa de estudos. Finalmente ela encontrou o Colégio Oswaldo Cruz, e o dono desse colégio, Aluízio Araújo, que fora antes seminarista, casado com uma mulher extraordinária, a quem eu quero um imenso bem, resolveu atender o pedido de minha mãe. Eu me lembro que ela chegou em casa radiante e disse: "Olha, a única exigência que o dr. Aluízio fez é que você fosse estudioso".

Eu, poxa, eu gostava muito de estudar e fui para o Colégio Oswaldo Cruz, onde me tornei, mais adiante, professor.

E vocês bem podem imaginar a alegria de Paulo Freire!

Naquele tempo, muita gente ficava sem estudar a vida inteira. No Nordeste mesmo, havia lugares aonde só umas dez de cada cem pessoas iam para a escola aprender a ler e escrever.

As crianças pobres não iam aos colégios, e, quando alguma conseguia entrar numa escolinha, ficava só um ano ou dois. Naquele tempo, muito poucas crianças completavam a "quinta série". E, em uma cidade como Jaboatão, dava para contar nos dedos das duas mãos os que conseguiam completar os estudos no colégio e entrar depois em uma faculdade.

Eram poucos também os que completavam um estudo de faculdade. E quase sempre eram moças e rapazes das famílias mais ricas que conseguiam "formar para advogado", "para médica", "para engenheiro", "para professora".

Paulo Freire nunca esqueceu essas coisas. E então ele resolveu dedicar a vida toda a ajudar as pessoas do povo a aprender a ler e a escrever. A ler e a escrever as PALAVRAS DO MUNDO e também OS MUNDOS DAS PALAVRAS. Ele não quis ser só um professor. Quis ser um educador que aprende e ensina, pensando muito sobre o que é ensinar e o que é aprender.

Vejam só como isso foi acontecendo.

DE MENINO A GENTE GRANDE, DE ESTUDANTE A PROFESSOR

E aconteceu que as mangueiras da casa do Recife deram flores e mangas maduras durante muitos anos. E os sabiás e os sanhaçus vieram e foram embora, e casaram e fizeram ninhos, e tiveram ninhadas de filhos. E vieram outras e outros, mangas e passarinhos, um ano depois do outro. E os anos passaram.

E o menino que lia o mundo cresceu e foi virando "gente grande".

Do colégio Oswaldo Cruz ele foi para a Faculdade de Direito da cidade do Recife. E foi lá que começou a estudar "pra advogado".

Quando estava estudando na faculdade, antes de se formar, Paulo se casou. A moça era professora também e se chamava Elza Maria Costa Oliveira.

Logo depois, Paulo virou professor de Português no mesmo colégio onde havia estudado. E Elza e Paulo tiveram três filhas e dois filhos: Maria Madalena, Maria Cristina, Maria de Fátima, Joaquim e Lutgardes.

Depois que ele acabou os estudos e se formou na Faculdade de Direito, acabou sendo advogado só por pouco tempo. É que ele queria mesmo era ser professor, um educador. E isso ele foi a vida inteira, daí pra frente.

Depois do colégio ele foi diretor de educação e cultura do Serviço Social da Indústria (Sesi), em Pernambuco. E foi lá que começou a trabalhar com a "educação de jovens e de adultos". E vejam vocês o que aconteceu então:

> Antes de mais nada, devo dizer que ser um professor tornou-se uma realidade, para mim, depois que comecei a lecionar. Tornou-se uma vocação, para mim, depois que comecei a fazê-lo. Comecei a dar aulas muito jovem, é claro, para conseguir dinheiro, um meio de vida; mas, quando comecei a lecionar, criei dentro de mim a vocação para ser um professor.
>
> Eu ensinava gramática portuguesa, mas comecei a amar a beleza da linguagem. Nunca perdi essa vocação...
>
> Ensinando, descobri que era capaz de ensinar e que gostava muito disso. Comecei a sonhar cada vez mais em ser um professor. Aprendi como ensinar na medida em que mais amava ensinar e mais estudava a respeito...

Foi quando o professor Paulo foi aprendendo a conhecer a diferença entre "falar para alguém" e "falar com alguém". Ah, minha gente! E isso é tão bonito! Isso é tão importante! ... e é tão esquecido!

Uma coisa é falar como quem só fala, pensando que sabe tudo. Pensando que sabe tudo e dizendo o que pensa que sabe só para as outras pessoas ouvirem e pensarem que aprendem. Outra coisa é saber falar ouvindo os outros. Falar como quem primeiro escuta. Como quem aprende primeiro, antes de dizer o que sabe... antes de ensinar. Paulo Freire foi aprendendo o que depois começou a ensinar a toda a gente: quem ensina como um professor, primeiro aprende a aprender com outros professores e também com seus educandos.

Do Sesi, o professor Paulo foi trabalhar na Universidade de Pernambuco. Ele passou então alguns anos formando novas professoras e novos professores.

Depois, já em 1960, ele foi convidado a participar do Movimento de Cultura Popular de Recife.

Viram? Olha a palavra "cultura" aparecendo aí de novo. Este "movimento" reuniu professores e artistas. Ele não existia só nas escolas e nem era um trabalho só de educação. Não. Tinha teatro também, tinha cinema, tinha poesia. Pois as pessoas que faziam o MCP (era assim que ele se chamava, só com as iniciais dos nomes) queriam que tudo o que é bom, e está nas palavras, nas cantigas, nas ideias que as pessoas criam, fosse levado para a gente pobre também.

Uma gente que às vezes passava uma vida inteira sem ir num cinema. E, vocês se lembram? Naquele tempo ainda não tinha a televisão.

O professor Paulo Freire era uma dessas pessoas que viviam perguntando pra si mesmas e para os outros:

Se tudo o que existe de bom no mundo deveria ser repartido entre todas as pessoas do mundo, por que algumas pessoas têm tantas coisas e outras têm tão pouco?

Se há tanta terra pra plantar e viver nesse "mundão sem fim", por que é que tem gente que tem muito mais terra do que precisa, enquanto tantas outras e tantas famílias não têm terra nenhuma?

Se todo o trabalho das mulheres e dos homens é bom e útil, menos os das pessoas que trabalham só para fazer o que não presta (como as armas e os venenos que matam a terra), por que tantas e tantas pessoas trabalham muito e ganham tão pouco, enquanto outras trabalham tão pouco e ganham muito?

Se todas as pessoas – das criancinhas aos velhinhos – nasceram para ser livres e felizes toda a vida, por que tantas pessoas não podem fazer o que querem? Por que elas não podem viver como sonham? Por que elas não podem ser livres como os sabiás fora da gaiola e felizes como o menino Paulo foi, no alto das mangueiras do quintal da casa do Recife?

Se o destino de todos os seres humanos é ter uma vida cheia de amor, de paz e de solidariedade, em que todos sejam irmãos de todos e a felicidade reine entre todos, por que existe tanta guerra, tanta violência? Por que a gente vive tanto desencontro? Por que ainda tem tanta maldade e tanta injustiça? Quem ganha com isso? Em nome do que tudo isso?

Se o aprender e o saber são coisas tão boas, e se as escolas existem para ensinar o que é bom a todas as crianças, por que tantas crianças no Brasil crescem sem poder ir para a escola? Por que é que elas vivem sem aprender a ler e escrever e sem saber tudo o que de bom vem depois disto? Por quê?

Se nós nascemos para ser "companheiras" e "companheiros" uns dos outros, por que é que tem tanta gente que não quer repartir o pão com a gente?

Por quê?

Por quê?

Por quê?

Paulo Freire era um professor de muitas perguntas. E às vezes ele era também uma pessoa de respostas difíceis de serem perguntadas. Vocês ainda vão ver.

O Movimento de Cultura Popular era uma grande "escola aberta de cultura". O sonho das pessoas do MCP era trazer às crianças e aos adultos dos bairros pobres do Recife, das favelas, das beiras dos rios, tudo o que pudesse ser visto e ouvido de bom e de bonito. Vejam como Paulo comenta o trabalho desse movimento:

> Os projetos do MCP se entrelaçavam, não havia departamentos estanques. Naquela época nós fizemos um circo que era um teatro ambulante. Nós fazíamos um levantamento nos bairros periféricos do Recife para saber em que terrenos colocar o circo, sem pagar imposto. Pesquisávamos o custo do cinema mais barato da área, para igualar ao preço do ingresso. Lotávamos os circos, e o povo adorava...

Mas não era somente isso. Não era só levar para a gente dos bairros pobres aquilo que se podia assistir nos dos ricos. O pessoal do MCP sabia que todas as pessoas, todas as famílias, todas as comunidades tinham a sua própria cultura. Vocês podem ir num "fundo do mundo", num "oco do sertão", e lá vive uma gente. E vive como gente: as pessoas falam umas com as outras e se entendem. Criam famílias. Elas plantam na terra e colhem. Fazem comida e sabem orações que rezam antes de comer. Pintam potes de barro, criam canções bonitas e fazem lindas colchas de fiandeira.

As pessoas "de lá" têm os seus conhecimentos sobre as plantas e os bichos e sabem tratar muitas doenças. Elas têm os seus muitos cantos e as suas alegres danças. Elas criam e possuem as suas crenças e os seus saberes. Isso mesmo. Povo nenhum, dos índios da Amazônia a São Paulo ou Rio de Janeiro, vive sem conviver com tudo isso. E é assim que se fala que cada gente, cada povo do Brasil e do mundo possui uma CULTURA própria.

E, sendo essa gente as mulheres e os homens das classes trabalhadoras do Brasil, os professores e os artistas do MCP começaram a dar a tudo que as pessoas simples do campo e da cidade sentiam, pensavam, viviam, faziam e criavam o nome de "cultura popular".

Então eles começaram a fazer um trabalho de vaivém. Um trabalho "cultural" de ida e volta. De um lado, o MCP queria "levar a cultura ao povo". Mas, de outro, queria "aprender com o povo a sua cultura". Era o sonho de uma troca. Você leva e traz. Você ensina e aprende. Os outros aprendem e ensinam.

Era bem assim: você me mostra, você me ensina como é que você vive, como é que você sente, como é que você pensa, como é que você faz isso e aquilo. E eu mostro e ensino a você como é que eu sinto e penso, como é que eu vivo e faço aquilo e isso.

E assim é. Uma troca de tudo entre todos. Um diálogo, uma conversa entre pessoas em que cada um escuta o outro antes de falar, e cada um ensina ao que aprende, aprendendo também com ele. E assim, quem sabe, nós aprendemos juntos, você e eu, nós e vocês, a construir uma cultura mais nossa, mais verdadeira, mais feliz e mais bonita.

Deste jeito, sendo todos iguais e sem ninguém se achar maior ou melhor do que os outros, nós podemos ser também diferentes. Podemos entrar na conversa do diálogo cada um pensando com a sua cabeça, tendo ideias que criou e dizendo o que sente, o que acha e o que pensa para as outras pessoas, com toda a liberdade.

Aí então é possível construirmos juntos uma maneira de ser e de viver, um jeito de sentir e de pensar, uma forma de fazer e de criar que seja mais nossa e mais criativa, de verdade.

Paulo Freire chamava isso de uma verdadeira CULTURA POPULAR, porque ela é criada por pessoas iguais em todas as coisas importantes da vida. Iguais nos direitos das crianças e dos adultos, das mulheres e dos homens, dos brancos, dos negros e dos índios, a uma vida livre e feliz.

Uma vida cheia de amor e de justiça. Em que todas as pessoas possam conviver partilhando entre elas tudo o que é bom no nosso MUNDO. Todos os bens da TERRA, da VIDA e do TRABALHO. Uma vida de milho e feijão crescendo no chão molhado de dezembro, numa terra arada e cuidada pelas mãos de toda a gente. Com semente jogada numa terra de todos, onde a colheita dos frutos vai ser também distribuída entre todos, sem que alguns poucos fiquem com tanto e tantas outras pessoas que trabalharam tanto fiquem com tão pouco.

Por que não sonhar com um MUNDO assim? Por que não trabalharmos juntos para que o nosso MUNDO seja assim?

E era sonhando com este MUNDO que tudo se fazia nos "movimentos de cultura popular".

E foi no Movimento de Cultura Popular que Paulo Freire começou a trabalhar com algo chamado "alfabetização de adultos". Vejam só! Parece uma coisa estranha, não é mesmo? Porque nós estamos acostumados a pensar que "alfabetização" é coisa para crianças. Uma coisa do estudo das meninas e dos meninos no comecinho da escola.

Mas vocês se lembram do que nós escrevemos muitas linhas atrás? Nos tempos de Paulo Freire menino, e mesmo depois, muitas pessoas, principalmente as que viviam no campo, não tinham como estudar quando eram crianças, e até mesmo quando já eram adolescentes. Resultado: elas chegavam a ser "gente grande", viravam pessoas adultas, e eram pais e mães de família, sem saber a diferença entre um "u" e um "m".

Você acha que devia ser assim? Pois era assim, e em muitos e muitos lugares do Brasil e do mundo. E aqui no Brasil continua sendo assim em muitos lugares, principalmente no campo. E no lugar onde você vive, também acontece isso?

Então, foi preciso criar um tipo de estudo especial. Um estudo que começava ensinando a ler e escrever os rapazes e as moças, e também as mulheres e os homens que não puderam estudar quando eram crianças. Ensinava para eles se alfabetizarem, como se diz. Isso é a "educação de jovens e de adultos". E o Movimento de Cultura Popular começou a trabalhar com ela também.

Não era fácil. Vinha gente já quase velhinha, mulheres e homens acostumados com o trabalho no cabo da enxada. Era uma gente para quem um lápis às vezes pesava demais! E também acontecia que todo o material que havia para ensinar as pessoas adultas a ler e a escrever estava escrito e desenhado para ensinar as crianças.

Foi por isso que Paulo Freire e sua equipe de educadores começaram a pensar um jeito diferente de ensinar as pessoas a escrever e a ler em Português. Ou vocês acham que eles iam gostar de aprender lendo uma coisa assim: "a boneca de Lili é bonita"?

Do Recife, o professor Paulo Freire e os seus companheiros foram para um lugar pequenino, no interior do Rio Grande do Norte. Um lugar no Sertão chamado Angicos. Quem tiver na escola um mapa do Brasil, vá lá no Nordeste procurar onde está, pois foi lá que pela primeira vez eles trabalharam com um jeito novo de ensinar as pessoas adultas. E esse "jeito" virou um "método" de alfabetizar gente grande, que mais tarde ficou conhecido como Método Paulo Freire.

Mas, antes de falar mais sobre isso, vamos contar a vocês o que aconteceu na vida de Paulo Freire, de Angicos em diante.

Vamos lá!

DE ANGICOS PARA MUITO LONGE

Os trabalhos do professor Paulo e seus companheiros estavam dando o que falar. De um lado muita gente via neles uma esperança muito boa. Viam que tinha sido descoberta uma maneira especial de se educar pessoas adultas que não estudaram antes na escola. Viram que aquilo era tão bom que até podia servir também para as escolas das crianças. Viram que os professores e as professoras podiam lidar com um jeito de trabalhar, na sala de aula, em que as pessoas aprendiam a ler e a escrever mais depressa e bem melhor. Porque elas não aprendiam só a ler e escrever as palavras, mas elas aprendiam a escrever e ler pensando, refletindo. Ah! Elas podiam aprender a ler palavras aprendendo a pensar cada vez mais com a própria cabeça. E isso é uma das coisas mais importantes da vida, vocês não acham?

Mas, do outro lado, tinha gente que achava o Método Paulo Freire e todas as ideias dele um perigo. Vejam só!

E por que é que achavam "um perigo" o que o professor Paulo tinha inventado? Porque ele e a sua equipe eram professores muito preocupados com tudo o que viam à sua volta. Havia tanta pobreza por toda parte! Tanta desigualdade entre as pessoas de um mesmo povoado, de uma mesma cidade, como Angicos, de um mesmo Pernambuco, dentro de um mesmo Brasil e em todo o mundo!

Será que a escola não devia ser um lugar onde as pessoas pequenas e as pessoas grandes pudessem conversar entre elas, aprendendo a ver o mundo onde elas vivem como ele é de verdade? Será que a educação não devia ensinar as pessoas a procurar os motivos que fazem o mundo delas ser como é agora? Aprendendo a buscar juntas os caminhos para mudar o mundo de todos nós?

Muita coisa que é como não devia ser pode ser mudada pra melhor, não é mesmo?

Paulo Freire e muitos outros educadores brasileiros sabiam que a EDUCAÇÃO não muda o MUNDO. Mas a EDUCAÇÃO ajuda a mudar as PESSOAS. E ela muda as PESSOAS ensinando-as a saber ler melhor, pensar melhor, julgar melhor o que está acontecendo, agir melhor, juntas, umas ao lado das outras.

E, assim, PESSOAS que sabem ler palavras lendo o MUNDO haveriam de saber mudar o MUNDO. Saberiam como fazer um MUNDO melhor para a vida de PESSOAS mais felizes.

Afinal, felicidade é uma coisa tão boa que ninguém no mundo devia viver sem ela!

Isso tudo a gente pode dizer num versinho assim:

A escola não muda o mundo.
A escola muda as pessoas.
As pessoas mudam o mundo.

Então, naquele tempo dos anos 1960 essas ideias cresceram e se espalharam pelo Brasil todo. De norte a sul tinha gente participando de algum "movimento de cultura popular".

Muitas pessoas resolveram pela primeira vez dedicar suas vidas a ajudar as pessoas do povo. Mas de uma maneira diferente, pois só "ajudar" ainda é muito pouco.

Então, essas pessoas resolveram trabalhar junto com as mulheres e os homens do povo. Resolveram "somar" com elas, estar junto delas, lado a lado. Estar como "companheiro", como quem reparte o pão com o outro, em vez de dar apenas o restinho do pão que sobrou. E, assim, estudar com as pessoas do povo e pensar com elas como seria possível mudar este Brasil tão grande e que tem tantos pobres.

E um dos trabalhos mais fortes daquele tempo foi o de EDUCAÇÃO POPULAR, e dentro dele a alfabetização de mulheres e de homens, jovens, adultos e até mesmo velhinhos, com o Método Paulo Freire. Da pequenina experiência de Angicos e Recife, a ideia se esparramou por todo o Brasil.

Chegou o momento em que o próprio governo lá em Brasília resolveu começar uma "campanha de alfabetização" em todo o país. Um trabalho nas escolas, usando o método de ensino de ler e escrever do professor Paulo Freire. Seria uma campanha enorme, do Rio Grande do Sul ao Rio Grande do Norte, de São Paulo ao Acre, do Rio de Janeiro ao Amapá.

Mas não foi.

As pessoas que achavam que era muito perigoso educar as mulheres e os homens pobres do campo e da cidade proibiram os professores de trabalhar com a EDUCAÇÃO POPULAR. Eles não queriam, de jeito nenhum, gente ensinando essas pessoas a pensar com suas próprias cabeças. Não queriam ver os lavradores e os operários pensando juntos, "lendo" o mundo em que viviam e se unindo para fazer alguma coisa. Unindo cabeças e corações para dar um jeito de mudar o Brasil em um país justo e feliz.

E assim proibiram qualquer tipo de trabalho com a EDUCAÇÃO POPULAR, proibindo também, em todo o Brasil, alfabetizar pessoas usando o Método Paulo Freire.

Foi um tempo muito triste aquele! Muita gente foi presa em muitos lugares do Brasil, e isto aconteceu também com o professor Paulo. Ele foi preso e depois precisou ir embora para bem longe daqui. Junto com sua mulher, a Elza, e com filhas e filhos, ele viajou para outros países e passou mais de 15 anos longe do Recife, longe de Pernambuco e longe do Brasil que ele amava tanto. Ele foi na frente, e a Elza e os filhos foram depois.

Primeiro ele viveu algum tempo na Bolívia. Depois foi para o Chile, onde morou com a família durante alguns anos (Bolívia e Chile são dois países da América do Sul, como o Brasil e muitos outros). Pois bem, lá no Chile ele conseguiu fazer um bom trabalho de alfabetização de adultos, usando o seu "método". Foi lá que escreveu um livro com o nome de *Pedagogia do oprimido*.

Mas, também lá, os homens que são contra as pessoas que pensam por conta própria e que se reúnem para mudar o destino do mundo proibiram de novo o trabalho do professor Paulo e dos seus amigos brasileiros e chilenos que ensinavam a gente do povo. A mesma história que aconteceu antes no Brasil aconteceu depois no Chile.

Paulo Freire era então um exilado.

Vocês sabem o que é um "exilado"? É uma pessoa proibida de viver no seu próprio país, de morar em sua casa, de conviver com a sua gente. Uma pessoa que tem que ir para um país dos outros e viver lá. Paulo viveu como um exilado por quase 16 anos.

Muitas vezes, quando escrevia cartas para os amigos e os parentes do Brasil, ele falava da enorme saudade que sentia. Se a gente sente saudade de um lugar onde foi feliz, um lugar onde a gente não está, mas pra onde pode voltar, imaginem a saudade que Paulo Freire sentia do seu Recife, de Pernambuco e do Brasil, pra onde ele foi proibido de voltar por muitos anos. Eis o que ele escreveu uma vez sobre a saudade do Brasil.

> Saudade é exatamente a falta da presença. Saudade era a falta da minha rua, a falta das esquinas brasileiras, era a falta do céu, da cor do céu, da cor do chão, o chão quando chove, o chão quando não chove, da poeira que levanta no Nordeste quando a água cai em cima da areia, da água morna do mar. Eu tinha que reprimir essa saudade. E, mesmo para criar, eu precisava ter essa saudade comportada...

Do Chile, ele viajou com a família para os Estados Unidos da América do Norte. E de lá ele foi para a Suíça, onde morou muitos anos. Longe do Brasil, o professor Paulo nunca deixou de ser um educador. Ele vivia pensando e vivendo a educação quase todas as horas de cada dia. Vejam o que ele escreveu sobre isto.

> Eu me acho professor mesmo numa esquina de rua. Eu não preciso do contexto da universidade para ser educador. Não é o título que a universidade vai me dar que me interessa, mas a possibilidade de trabalho...

Quando Paulo Freire viveu na Europa, ele viajou pelo mundo todo... menos pelo Brasil. Trabalhou ajudando pessoas da Europa, das Américas e da África que estavam pensando em trabalhar com a educação de jovens e de adultos analfabetos. E o Método Paulo Freire espalhou-se por todo o mundo. Vejam vocês: um professor proibido de voltar à sua terra e querido e procurado por pessoas de todo o mundo.

Os livros que ele escreveu sobre educação foram traduzidos em línguas de muitos povos. Uma vez, ele ficou emocionado ao ver um dos seus livros, o *Pedagogia do oprimido*, em japonês. É claro que não entendeu uma palavra do que ele mesmo tinha escrito quando olhava aquelas letras tão diferentes das nossas.

Paulo aprendeu muito (a gente está sempre aprendendo, mesmo depois de adulto, mesmo depois de velho) com os povos da África. Ele conviveu com educadoras e educadores de países africanos que foram antes colônias de Portugal, como o Brasil.

Vocês conhecem estes nomes: Angola, Moçambique, Cabo Verde, São Tomé e Príncipe? Pois bem, nestes países que acabavam de ficar livres e onde também se fala o português, quase todas as pessoas adultas não sabiam ler e escrever. Havia escolas para muito poucas crianças.

Paulo foi convidado a ajudar nas "campanhas de alfabetização" e aceitou o convite com muita alegria. Um dos seus livros mais conhecidos é o *Cartas à Guiné-Bissau*, e nele estão as cartas que ele enviava aos educadores deste país africano.

O tempo passou e, entre o final dos anos 1970 e o início dos anos 1980, a democracia começou a voltar ao Brasil. (Na verdade, ela está começando a voltar ainda. Parece que ela está sempre recomeçando, sendo recriada, sendo construída por todos nós, o tempo todo.) E foi quando Paulo Freire pôde também voltar ao Brasil. Ele saiu daqui com 43 anos de idade e voltou com 58. Era o ano de 1979.

E logo, sem perder tempo, ele voltou ao seu trabalho de professor com o mesmo carinho de sempre, com o mesmo amor pelo estudo e por seus educandos. Ele, Elza e os filhos foram então morar em São Paulo, a cidade do santo que tem o mesmo nome que ele.

O professor Paulo foi dar aulas em duas universidades, uma em Campinas e outra em São Paulo. E voltou a trabalhar com os movimentos de educação popular.

Ele já era um educador conhecido no mundo inteiro. Já havia recebido vários prêmios por seus trabalhos de alfabetização. Mas parecia um professor começando de novo: simples, humilde, cheio de perguntas, atento a ouvir os seus educandos, a dialogar com eles, a ensinar aprendendo e a aprender ensinando, como ele mesmo sempre gostava de dizer.

E um dia ele foi convidado por uma mulher também do Nordeste, Luiza Erundina, então prefeita de São Paulo, a dirigir o Movimento de Alfabetização da cidade. Foi um outro bom trabalho, depois copiado por prefeituras de várias outras cidades de todo o Brasil.

Em outubro de 1986, Paulo Freire perdeu Elza, sua esposa. Eles haviam vivido juntos por 42 anos, e vocês bem podem imaginar a tristeza dele. Elza era uma professora como ele, e muitas vezes Paulo lembrava o quanto ele aprendeu com ela.

Alguns anos mais tarde, ele se casou com Ana Maria Araújo. Agora vocês vão lembrar. Foi ela quem escreveu o pedaço da vida de Paulo quando ele, menino ainda, mudou do Recife para Jaboatão. Ela era uma das filhas daquele professor do colégio Oswaldo Cruz, lá do Recife. Ele tinha então 66 anos de idade e uma longa barba branca.

***

Um dia, no mês de maio de 1997, um jornal da França, lá na Europa, publicou um desenho muito bonito. Muita gente ficou emocionada quando viu. Era o desenho de um velho de poucos cabelos e barbas brancas, compridas. Um velho de olhar doce e longas mãos, brancas de giz. Ele estava sentado numa cadeira apoiada numa nuvem. Ele tinha sentados em suas pernas dois anjinhos, um de cada lado. E, com um livro na mão, ele ensinava os anjos a ler.

É que, em 2 de maio, o menino Paulo Freire nos deixou e foi ser professor em outros mundos. Ele tinha 76 anos. Parecia que tinha até mais, mas vivia como quem tinha muito menos.

Pouco antes de nos deixar, ele disse a alguns amigos assim:

> Eu gostaria
> de ser lembrado
> como alguém que amou o mundo
> as pessoas, os bichos
> as árvores, a água
> a vida!

PENSANDO E VIVENDO, APRENDENDO E ENSINANDO

Vocês sabem com o que aprender a ler e a escrever é parecido?

É como chegar numa horta e saber o que é cada planta e pra que ela serve. Quem não sabe nada de "ler a horta" entra dentro dela e só vê um punhado de mato. Um monte de plantas diferentes, mas tudo igual. Não sabe o que é cada uma, como é que se prepara cada uma, como se come.

Quem sabe "ler a horta" ao menos um pouco sabe o que é que é "planta" e o que é "mato". Sabe separar a alface do repolho, a cenoura da berinjela, o tomate da cebola, o jiló da salsa e a salsa da cebolinha. Sabe qual o uso de cada planta: as que se come e as que não se come. As que servem de comida e as que servem de remédio. As que são de salada e as que cozinham e misturam com a comida. Não é mesmo?

E quem sabe "ler a horta" mais ainda sabe qual é o tempo de plantar cada uma. Sabe como é que se cuida de cada tipo de planta, sabe o que é melhor para cada uma delas, quais as de sombra e quais as de sol. Sabe quais as que gostam de mais chuva e as que gostam de menos chuva.

Assim, além de saber o que é cada planta da horta e saber como é que se prepara na cozinha, ele sabe cuidar do terreno, sabe semear, sabe tratar e sabe colher. Sabe "lidar com a terra", sabe tornar a terra fértil e boa para as plantas. Sabe quais são os bichos que fazem bem para as plantas da horta e quais os que as atacam pelas raízes ou pelas folhas.

E para tudo é deste jeito. Pois, sobre esses assuntos de "horta", de "palavra" e de "mundo", sempre se pode saber alguma coisa. E, sabendo, sempre se pode saber mais ainda. Depois que a gente começa a aprender, pode ir mais adiante, sempre.

Saber é sem fim!

Dentro de cada um de nós sempre cabe mais um saberzinho. Antes se pensava que tinha uma idade para aprender e depois outra em que a pessoa só servia para trabalhar ou para "ter filhos". Mas hoje nós sabemos que se pode aprender por toda a vida. Eu sempre posso ser alguém melhor do que já sou. Eu sempre posso aprender com os outros, com os livros, com o mundo. Posso saber melhor o que já sei. E eu sempre posso aprender de novo o que não sei. E muita coisa de tudo isso a gente aprende quando aprendeu bem a ler e escrever.

Lembram da Cristina? Numa outra carta para ela, nosso companheiro Paulo Freire escreveu assim:

> As coisas mudam e nós também.

E, noutra carta, ele escreveu que a gente aprende até mesmo com a criança que foi um dia. Parece estranho, mas é isso mesmo. Muitas vezes, a criança que nós fomos e não somos mais é a nossa melhor professora. A gente cresce e parece que o menino ou a menina que nós fomos foi embora. Acabou. Mas não é assim. As pessoas estão sempre lembrando quem foram. Estão lembrando como foi que elas viveram quando eram "pequenas", antes de serem "gente grande". Estão sempre recordando como era a vida "naquele tempo".

E tem vez que a gente aprende de novo, quando lembra. É como se a criança que viveu em nós antes de virarmos "gente grande" viesse lembrar de longe, lembrar alguma coisa que, quando relembramos, aprendemos com ela. E foi por isso que ele escreveu assim:

> Quanto mais me volto sobre a infância distante, tanto mais descubro que tenho sempre algo a aprender com ela...

Eis aí uma lição para toda a vida!

E foi assim que o professor Paulo, que andava sempre aprendendo e sempre querendo saber um pouco mais, para ser um tanto melhor a cada dia, resolveu criar um jeito de as pessoas do campo no Brasil aprenderem a ler e a escrever. Uma maneira diferente daquelas como se aprendia no tempo em que ele foi criança, com as famosas cartilhas de ABC. A professora séria, repetindo letras, falando e escrevendo no quadro-negro, com a mesma cartilha aberta nas mãos: A-E-I-O-U... BA-BE-BI-BO-BU, e os educandos repetindo com ela. Repetiam feito máquina. Repetiam escrevendo, cada um no seu caderno.

Então, junto com outras professoras e outros professores, Paulo Freire começou a imaginar um método de alfabetização para as pessoas grandes que não tinham aprendido a escrever e a ler quando eram crianças.

Eles estudaram muito, conversaram com outros professores, pensaram... experimentaram na prática, pensaram de novo..., pensaram muito, e começaram a criar o Método Paulo Freire de alfabetização.

Método quer dizer "caminho". Um método serve para dizer como é que a gente pode sair de um lugar e caminhar, com as palavras e com as ideias, para chegar em outro. Neste nosso livro, a ideia é que vocês aprendam como é este método que Paulo Freire criou para alfabetizar as pessoas, através de um jogo.

Vamos lá? Vamos ver se isso dá certo?

JOGO DAS PALAVRAS-SEMENTE

Brincando se aprende tanta coisa! E estudando se pode até brincar. Não é assim?

Vamos pensar em fazer e criar, em jogar e brincar juntos um jogo que o Paulo Freire não bolou. Mas um jogo que a gente pode inventar juntos, pensando nele e nas palavras dele.

Esse jogo pode ser brincado de duas maneiras:

Primeira maneira: com ajuda dos professores.

Se vocês acharem difícil aprender a jogar, convidem as professoras e os professores a virem jogar também. Mas digam para eles que, "na roda do jogo", todo mundo é igual e ensina aprendendo e aprende ensinando.

Segunda maneira: sem professores.

Se vocês acharem que dá pra aprender e jogar sem precisar da ajuda de suas professoras e professores, então toquem em frente. Quando tiverem aprendido bem, chamem os professores e ensinem pra eles. Professora boa é aquela que gosta de estar sempre aprendendo.

Então, vamos lá? Quem quiser aprender de verdade que comece a brincadeira agora!

Esse é o JOGO DAS PALAVRAS-SEMENTE.
E ele se divide em quatro partes:
Começa assim
Vai indo assim
Continua assim
Acaba assim.

Então, todo mundo pronto? Lá vai a primeira parte!

COMEÇA ASSIM

O jogo começa com a procura das PALAVRAS-SEMENTE.

Era o que Paulo Freire chamava de "procura das palavras geradoras".

Primeiro vocês devem arranjar uma folha de papel e um lápis ou caneta. Depois é só ir conversando uns com os outros, e com as amigas e os amigos de perto. Mas conversar prestando atenção nas palavras que vocês falam mais. As palavras que as crianças daí gostam mais de falar.

De vez em quando, alguém de vocês que está fazendo o "levantamento das palavras-semente" vai anotando na folha de papel as palavras mais faladas, que as crianças do lugar acham mais bonitas e gostosas de falar e ouvir. Procurem chegar a umas 20 palavras.

Que palavras apareceram mais nas conversas? Quais as que saíram mais?

Saiu "bola"? Saiu "brinquedo"? Saiu "carrapato"? Saiu "pipoca"? Saiu "acampamento"? Saiu "mãe" e saiu "pai"? Saiu "menina"? Saiu "menino"? Saiu "sábado"? Saiu "futebol"? Saiu "trabalho"?

Vamos imaginar que um grupo de meninos e meninas de um assentamento em Goiás fez a "pesquisa das palavras-semente desse lugar".

Vamos imaginar que as palavras anotadas foram estas:

ABACATE	ESTRADA	QUEIJO
ACAMPAMENTO	FAMÍLIA	RECREIO
ALEGRIA	FUTEBOL	REZA
ASSENTADO	GRAMADO	ROÇADO
BICICLETA	HORTA	SAUDADE
BOLA	INVENÇÃO	SOFRIMENTO
BONECA	JOGAR	SOZINHO
BRINQUEDO	LAVOURA	TELHADO
CADERNO	MÃE	TRABALHO
CASA	MARAVILHA	URUBU
CAMPO	MENINA	VACA
COMIDA	NADAR	VIDA
CRIANÇA	OVO	VIZINHO
DIVERTIDO	PATO	XÍCARA
ESCOLA	PROFESSORA	ZEBRA

Muitas palavras, não é mesmo?

Então elas escolheram 20 das muitas palavras. Mas, quando vocês forem escolher as suas palavras-semente, podem ficar mais de 20, se as pessoas que forem brincar forem mais de cinco. Porque o bom é que depois cada criança fique com quatro palavras. 4 vezes 5 dá 20, não é? Mas, se forem muitas, e cada uma ficar só com três ou com duas, não faz mal.

Bom, quando a lista das palavras-semente ficar pronta, vocês vão fazer umas fichinhas de papel, mais ou menos do tamanho de uma carta de baralho. Isso pode ser feito cortando uma folha de papel ou cartolina.

Em cada ficha vocês vão escrever uma das palavras-semente. De modo bem claro e com letra boa. Cada ficha então vai ficar mais ou menos assim:

Pronto. Se forem 20 palavras, serão 20 fichas.

E aqui termina o começa assim...

VAI INDO ASSIM

Agora o nosso JOGO DAS PALAVRAS-SEMENTE... vai indo assim.

Todas as crianças que vão participar devem estar com uma folha de papel. Se tiver professora no meio, deem uma folha para ela também. E, agora, todo mundo com muitas ideias na cabeça e um lápis ou uma caneta na mão. Além da professora, se alguma outra "gente grande" quiser entrar no jogo, podem deixar ela participar. Gente grande também pensa, também tem ideias. Mas não deixem ela atrapalhar o jogo de vocês. Tem "gente grande" que tem ideias demais e fala demais.

Bom. Agora as FICHAS DAS PALAVRAS-SEMENTE escritas devem ser viradas para baixo para serem bem embaralhadas. Foram? Então está na hora de colocar todas elas num montinho só, ainda viradas para baixo.

Agora, uma de cada vez, todas as pessoas do jogo vão tirando uma ficha do monte. Não precisa esconder. Se quiser pode até mostrar para as outras. Antes de passar para o outro momento do jogo, se alguém quiser, pode até trocar uma ficha com outro. Só não pode se arrepender depois.

Pronto? Lá vai! Se forem cinco pessoas no jogo, cada uma ficou com quatro fichas. Já vimos isso, não é mesmo?

E agora?

Bem, agora vem uma hora muito interessante.

Cada uma, usando seu lápis e papel, vai criar a “ficha de descoberta”, como diria o professor Paulo, mas que aqui no nosso jogo vamos chamar de FICHA DE JARDINEIRO. Porque é com ela que iremos semear palavras e criar frases. E também para ficar como no fim do poema do Paulo. Cada participante do JOGO DAS PALAVRAS-SEMENTE vai criar as suas FICHAS DE JARDINEIRO de cada palavra que tirou do monte ou que trocou com alguém.

a cam pa man ta
e cem pe men te
i cim pi min ti
o com po mon to
u cum pu mun tu
a e i o u

ba ca cla ta
be ce cle te
bi ci cli ti
bo co clo tu
bu cu clu tu
a e i o

ca sa
ce se
ci si
co so
cu su
a e

ma ra va lha
me re ve lhe
mi ri vi lhi
mo ro vo lho
mu ru vu lhu
a e i o

Por exemplo, se alguém ficou com as palavras: ACAMPAMENTO, BICICLETA, CASA e MARAVILHA, vai fazer as suas FICHAS DE JARDINEIRO assim:

Quando todo mundo do jogo tiver feito as suas FICHAS DE JARDINEIRO, com toda calma, uns podem mostrar para os outros. Se tiver uma criança menor que não saiba fazer bem, pode pedir a uma companheira do jogo pra ajudar, ou a professora, se ela estiver por perto.

Bom, está todo mundo com as suas PALAVRAS-SEMENTE e com as suas FICHAS DE JARDINEIRO prontas? Então podemos começar a outra parte.

E, então, aqui acaba a parte do jogo chamada: vai indo assim.

E começa a parte mais interessante. E ela se chama:

CONTINUA ASSIM

Essa é mesmo a parte mais demorada e mais divertida. E é porque ela é a mais criativa. Criar é a brincadeira melhor da vida da gente!

Pois agora é a hora de cada participante do jogo ir formando quantas palavras puder. E como é que vai ser isso? Muito fácil. Vai ser do mesmo jeito como se fazia no MÉTODO PAULO FREIRE.

Cada criança vai formando palavras com as SEMENTES das suas fichas. Que sementes? Ora, as sílabas das palavras. As sílabas em A, em E, em I, em O e em U. E também as letras sozinhas. As vogais: A E I O U. Se alguém quiser formar uma palavra no plural, pode inventar um S, escrevendo no final da sua palavra. Assim MENINO pode virar MENINOS. E, se alguém quiser inventar um verbo, pode inventar um R. Então RODA pode virar RODAR.

E tem mais uma coisa: se alguém quiser criar uma palavra que os outros acharem que não existe, também pode. Pode mesmo, desde que depois ele explique para todas as outras pessoas do jogo e o que ela quer dizer. Por exemplo, da palavra PALAVRA eu posso resolver inventar o verbo PALAVRAR. Ele não existe no dicionário. No dicionário existe APALAVRAR, mas não existe PALAVRAR. Mas, se eu inventar esta palavra e ela ficar bonita, e eu explicar aos outros o que ela quer dizer, tudo bem.

Professor tem mania de implicar com palavra que não existe, com palavra que ele acha que a gente fala errado. Mas, nesse jogo, digam para os professores que todo mundo pode inventar o que quiser. Pode, desde que fique bonito e inteligente.

Paulo Freire era até capaz de gostar da ideia. Vocês se lembram de quando ele era pequeno e inventou com a professora dele a PALAVRAMUNDO?

Pois bem, quem sabe a gente inventa a palavra PRIMAVERANDO? Ou a palavra MENINOVIDA? Ou mesmo a frase: ESTÁ PRIMAVERANDO NA PALAVRAMUNDO DO MENINOVIDA?

Vamos lá! É olhar para as sílabas de cada FICHA DE JARDINEIRO e ir formando palavras. O tamanho delas nem importa. Pode ser palavra de duas letras, como "SÓ". Pode ser palavra de duas sílabas, como "PLANTA". Pode ser palavra de três sílabas, como "SEMENTE". E pode ser até palavra de mais de três ou quatro sílabas, como "PAPELADA", "ESCONDERIJO". "BRINCADEJANDO"

Vamos lá, pessoal! Comecem formando palavras com as sílabas de cada ficha. Depois, podem ir misturando sílabas ou fonemas de uma ficha com as das outras. Quanto mais palavras vocês forem criando, tanto melhor.

Assim, vejam só: da palavra A-CAM-PA-MEN-TO, podem sair as palavras CAMPO, MANTA, EPA!, MENTE, COMENTO, MINTO, MONTE, TIPO, PATO, PATOTA, TOPO, TUCUM... e quantas mais?

E da pequenina palavra CASA?

Sai CASE, SECA, COSE, SUCO... e quais outras?

E misturando sílabas e letras de uma ficha e de outras, quantas palavras vocês seriam capazes de formar?

Então, embaixo de cada FICHA DE JARDINEIRO, cada um vai escrevendo com letra bem boa as palavras que descobrir juntando as sementes das outras, tanto as que lembra como as que inventa.

E se vocês pensarem muito e olharem com cuidado os pedaços-semente das palavras das FICHAS DE JARDINEIRO, serão capazes de formar até FRASES. Isso mesmo, do mesmo jeito como Paulo fazia com a gente grande que queria aprender a ler e escrever.

O MENINO SEMEIA PALAVRAS!

AS MENINAS BRINCAM DE BONECA.

O ACAMPAMENTO FAZ FESTA EM ABRIL.

A TERRA DEVE SER DAS PESSOAS QUE TRABALHAM NELA.

E por aí vai...

E quem tiver coragem pode até inventar a sua frase com palavras que existem no "nosso dicionário", mesmo que não existam ainda no dicionário oficial da nossa língua.

Por exemplo:

TO CONJUNTURANDO A COMPANHEIRADA PRA NÃO DAR PICUINHAGEM!

E agora vem uma coisa muito importante! Ela é a coisa mais importante nesse jogo. Sabem o que é?

É que esse jogo não é feito pra ninguém ganhar de ninguém.

Ele é um jogo imaginado pra cada um ajudar o outro e todos ganharem juntos!

Isso mesmo. No primeiro momento, parece que cada um está jogando pra ganhar dos outros. E por quê?

Porque, para cada palavra que alguém formar, ganha um ponto. E, para cada frase que conseguir criar, ganha tantos pontos quantas palavras ela tiver. Se tiver três palavras, ganha três pontos. Se tiver quatro palavras, ganha quatro pontos, e assim por diante.

E cada um vai somando os pontos que for ganhando.

Mas aí vem a hora de todo mundo esquecer quantos pontos cada um ganhou. Até mesmo os professores vão esquecer. Vão mesmo! Pois o que vale no JOGO DAS PALAVRAS-SEMENTE é quantas palavras no final todos juntos conseguiram formar com os pedaços-semente das palavras geradoras. Das PALAVRAS-SEMENTE.

Isso é o que se chama "um trabalho de equipe".

Bom trabalho e boa sorte, equipe de companheiras e companheiros de equipe!

Que vocês saibam semear o trigo das palavras juntos.

Preparar a terra das ideias juntos.

Semear as sementes de palavras de pensamentos juntos.

Cuidar da lavoura do aprender a saber juntos.

Colher as espigas do trigo do saber juntos.

Fazer o pão das ideias e dos sentimentos juntos.

E comer do pão da amizade juntos, como companheiros.

Bom, quando vocês tiverem formado as palavras escritas nas suas folhas, podem trocar de folha com alguém ao lado, ou em outro lugar da "roda do jogo das palavras-semente". Então cada um pode ver se ainda dá para formar novas palavras.

Quando vocês tiverem criado muitas e muitas palavras e algumas frases, então acaba essa parte do nosso jogo.

E aí vem a última parte.

ACABA ASSIM

E o JOGO DAS PALAVRAS-SEMENTE acaba assim...

Todos os participantes vão enfrentar um desafio bem mais difícil, mas bem mais divertido também, porque ele é ainda mais criativo. Sabem o que é?

É juntar todas as palavras "descobertas", "criadas" e "inventadas" por todo mundo que participou do jogo, até aqui, e então construir alguma coisa com elas.

Mas "construir" o quê?

Ora, qualquer coisa maior e mais criativa do que uma boa e longa frase.

Será que dá?

Claro!

Por exemplo: um poema ou uma estória com as palavras que formaram antes.

Vamos ver como é que isso pode acontecer.

Cada uma e cada um de vocês formou as suas palavras com as sílabas das suas palavras-semente. Não foi assim?

Cada um foi formando palavras, frases e contando quantos pontos foi ganhando, não é mesmo?

Depois, cada um esqueceu esses pontos e ajudou os outros a formar mais palavras ainda, trocando as folhas. Ou nem foi preciso fazer isso?

Bom, então cada pessoa do jogo tem uma porção de palavras já formadas. Quantas elas são? E todas juntas têm muito mais palavras e frases ainda, certo?

Se vocês já aprenderam na escola e já sabem separar os tipos de palavras segundo as suas famílias na nossa língua, então podem ir juntando e depois distribuindo todas as palavras:

Primeiro os substantivos: mesa, cadeira, menino, lavoura, casa e reforma agrária.

Depois os adjetivos: grande, baixa, estudioso, verde, bonita, justa, solidária, verdadeira.

Depois os verbos: amar, criar, brincar, crescer, fazer, ocupar, plantar, resistir, colher, gostar.

Depois de tudo vocês podem juntar as palavras de outros tipos, chamadas pronomes, advérbios, conjunções e preposições e interjeições:

Por exemplo: eu, meu, sua, nosso, deles, nós, eles, antes, depois, com, para, e, mas, longamente, através, oba! epa!... e assim por diante.

Fizeram isso? Como é que pode ser feito? Um jeito de fazer é assim: numa folha nova de papel, vocês vão escrevendo em colunas as palavras que todas e todos criaram, umas embaixo das outras:

Substantivos	Adjetivos	Verbos	Outros tipos
acampamento	feliz	ocupar	com
casa	fértil	semear	livremente
futebol	trabalhador	soletrando	através
lavoura	colorida	criamos	depois
menina	azul	esperei	oba!
trabalho	solidário	produzirá	muito

Uma lista assim, só que com as palavras que vocês criaram.

Se for difícil fazer estas COLUNAS DAS FAMÍLIAS, talvez seja bom pedir uma ajudinha para sua professora ou seu professor.

E agora vem o momento mais criativo.

É a hora de pensar um poema, um conto ou seja lá o que for.

Então? Podemos começar?

É a hora de ir juntando as palavras que vocês criaram, escrevendo numa folha de papel, ou numa cartolina, com uma letra grande e bem clara. Se, para completar uma frase, faltar uma palavra que não tem na lista de todas as que vocês formaram, ou nas COLUNAS DAS FAMÍLIAS, não faz mal. Escrevam essa palavra nova com uma cor diferente. Por exemplo, se vocês estiverem escrevendo com lápis preto, escrevam esta palavra "emprestada" com um lápis vermelho.

O que vocês vão criar agora pode ser um poema.

Ele pode ser bem simplezinho. Por exemplo:

A casa de Zeca é azul.
Tem parede, porta e janela.
Fica lá no assentamento
De Cachoeira do Sul.
Zeca gosta muito dela
E cuida do jardim da casa
Com cuidado e sentimento!

Vamos lembrar de um poema daquele livro: SEMENTE. Pois o que vocês devem escrever juntos pode ser parecido com ele.

Num lugar
Bem profundo
A semente
Guarda isto:
um mundo.

A semente
Escondida
Esconde um ser
Pequenino:

A vida.

Você já pensou
(e pensou por quê?)
Que uma semente
Algum dia
já foi... você?

Vejam. Ela foi escrita com palavras que não saíram todas das FICHAS DE JARDINEIRO das palavras-SEMENTE criadas e imaginadas para o nosso jogo. Mas vejam como todas elas são palavras simples. Nenhuma delas é uma palavra dessas como: "prolegômeno", "sustentabilidade", "intangível", "abstrato" ou "anticonstitucional".

O que pode ser escrito nessa parte final do jogo, com a participação de todos e das palavras de todos, pode ser também uma pequena estória. Ela podia começar assim:

Num dia de sol muito quente, o Pedro passou na casa do Zeca e disse para ele: "Zeca, está um dia tão quente! Vamos tomar um banho lá no poço do riacho?"

E o Zeca disse: "Vamos, Pedro! Eu estava ajudando o meu pai, mas já acabei."

E lá se foram os dois amigos...

Vocês podem até criar uma estória maior e mais completa do que esta, não é mesmo? Palavras, frases e ideias vocês terão à vontade. Pois, além das que vocês formaram na outra parte do jogo, podem "trazer novas palavras" para completar uma frase, quando for preciso.

E o jogo pode acabar com vocês juntos escrevendo uma ideia, uma mensagem para vocês e para todos os outros amigos do acampamento ou do assentamento onde vocês vivem.

Por exemplo:

E a nossa vida aqui no nosso Assentamento é feita por todas nós e por todos nós.

Somos nós que fazemos cada dia dela, cada momento, cada pedacinho de cada dia, de cada semana, de cada mês e de cada ano.

Se a vida aqui vai ser boa ou não vai, depende de todos nós. Depende do que a gente sonhar, do que a gente pensar e do que a gente fizer juntos.

Se nós queremos aprender a conviver com amizade e com solidariedade, isso também depende de todos nós: das mulheres e dos homens, da gente grande e das meninas e dos meninos também.

Ela é como uma roça de milho plantada com as mãos de bastante gente.

Cada um faz a sua parte. E depois todos colhem juntos os frutos da terra que todos ajudaram a semear e a cuidar.

Assim deve ser a vida aqui onde nós vivemos.

Quando vocês tiverem conseguido escrever algo com as palavras e as frases do JOGO DAS PALAVRAS-SEMENTE, escrevam em uma cartolina, bem bonito. Podem também fazer desenhos. Sejam criativos.

Se tiver muita gente jogando, fica difícil escrever alguma coisa juntos. Então, vocês podem dividir a equipe em duas ou três. Cada equipe fica com menos gente e assim fica mais fácil.

Quando cada equipe acabar de escrever seu POEMA, ESTÓRIA ou MENSAGEM, escreve com letra bonita em uma folha de cartolina, desenha, decora tudo e mostra para as outras equipes. Pode mostrar também para os professores e outras "gentes grandes".

E ESSA HISTÓRIA, ACABA?

O nosso livro acaba.

Vocês conheceram o professor Paulo Freire e a vida dele.

Aprenderam um pouco do Método Paulo Freire para as pessoas saberem ler e escrever, pensar e trabalhar juntas por um mundo mais humano e uma vida mais feliz.

Jogaram o Jogo das Palavras-Semente, que também poderia se chamar "Jogo do menino que lia o mundo".

Mas a história contada aqui não acabou ainda.

Em muitos e muitos lugares do Brasil e do mundo, tem sempre alguém lendo um livro do professor Paulo e aprendendo de novo com ele. Tem sempre alguém ensinando alguém a ler e escrever, do jeito como o Paulo Freire inventou e ensinou pra gente. Tem sempre gente querendo ajudar as outras pessoas a preparar o mundo como um jardineiro prepara um jardim de flores onde todas as crianças e toda a gente grande possam ser felizes de verdade.

Paulo Freire escreveu muitos livros durante a vida. E muitos livros foram escritos, aqui no Brasil e também no exterior, sobre sua vida e suas ideias. Vamos listar aqui os nomes de alguns, com o ano e o lugar em que eles apareceram.

Só vamos mencionar alguns livros, aqueles que foram lidos para preparar este aqui. Todos foram escritos por Paulo Freire depois que ele já era gente grande e pensando que gente grande ia ler. Mas, aos poucos, todos vocês podem ir tentando fazer estas leituras, pra conhecer mais sobre a vida e as ideias dele. Conversem com seus professores e suas professoras pra ver o que pensam disso...

Livros escritos por Paulo Freire

Medo e ousadia: o cotidiano do professor. Rio de Janeiro, 1987. (Este, escreveu junto com Ira Shor.)
A importância do ato de ler. São Paulo, 1992.
Cartas a Cristina. São Paulo, 1994.
À sombra desta mangueira. São Paulo, 1995.
Professora sim, tia não. Cartas a quem ousa ensinar. São Paulo, 1995.

Livros escritos sobre Paulo Freire

O que é o Método Paulo Freire, de Carlos Rodrigues Brandão. São Paulo, 1981.
Paulo Freire: uma biobibliografia, organizado por Moacir Gadotti. São Paulo, 1996.
Paulo Freire para os educadores, de Vera Barreto. São Paulo, 1998.